Tous différents !

bayard jeunesse

Pour Megan,
qui croit
en quelque chose
de différent.
Bisous,
Todd

Du même auteur chez Bayard Jeunesse

Le livre de la paix

Édition originale publiée sous le titre *It's Okay to Be Different*
par Little, Brown and Company, New York, U.S.A.
© 2001 Todd Parr. Tous droits réservés.

ISBN 13 : 978-2-7470-2075-6
© 2006 Bayard Éditions pour la présente édition
Dépôt légal : septembre 2006. 9ᵉ édition
Imprimé en France par Pollina - L75140
Loi 49-956 du 16 juillet 1949 sur les publications destinées à la jeunesse.

Dans la vie, on peut avoir
une dent en moins
(ou deux, ou trois...),

on peut avoir un nez
pas comme tout le monde,

on peut ne pas être
de la même couleur,

on peut être chauve,

on peut avoir des roues.

Dans la vie, on peut être :

petit   moyen

on peut porter des lunettes,

on peut parler de ce qu'on ressent,

on peut manger des pâtes au gruyère en prenant son bain,

on peut dire NON
si on se sent en danger,

on peut venir d'une autre planète.

Dans la vie, on peut se sentir gêné,

on peut danser tout seul,

on peut avoir
un ver de terre domestique,

on peut être fier de soi,

on peut avoir une maman différente,

on peut avoir un papa différent,

on peut être adopté.

Dans la vie, on peut avoir un copain invisible,

on peut faire plaisir à quelqu'un,

on peut perdre ses moufles,

on peut se mettre en colère,

on peut aider un écureuil
à ramasser des noisettes,

on peut avoir
plein d'amis
différents,

on peut avoir des rêves.

Dans la vie, on peut être différent. Toi, tu es unique et important, parce que tu es comme tu es !

Bisous,
Todd